ADEL UND RITTERSCHAFT IN ENGLAND

Vorlesung

gehalten im

Wissenschaftlichen Verein zu Berlin

am 5. März 1853.

geschrieben von Rudolf von Gneist

herausgegeben, der aktuellen Rechtschreibung
angepasst sowie bearbeitet und erläutert von:

Thomas Westphal, Esq.

Bibliografische Information der Deutschen Nationalbibliothek: Die Deutsche Nationalbibliothek verzeichnet diese Publikation in der Deutschen Nationalbibliografie; detaillierte bibliografische Daten sind im Internet über www.dnb.de abrufbar.

©2014 Thomas Westphal
Herstellung und Verlag:
BoD – Books on Demand, Norderstedt

ISBN: 978-3-7357-2319-2

Inhalt:

Vorwort

von Thomas Westphal, Esq.

Ich fand diesen Vortrag von Rudolf von Gneist schon immer sehr interessant. Er ist aber nicht mehr in der Originalausgabe zu kaufen. Manchmal hat man Glück und ergattert noch ein altes Exemplar. Ich fragte mich also, ob es auch noch andere Leute gibt, die diesen Text lesen wollten.

Da das Copyright für den Vortrag abgelaufen war, entschloss ich mich, den Text neu herauszugeben. Damit fing die Arbeit aber erst an. Er musste in eine für heute lesbare Form und und in die aktuelle Rechtschreibung gebracht werden. Dazu sollten noch ein paar Erläuterungen gemacht und dieses Vorwort geschrieben werden. Aber dies machte mir unendlich Spass.

Die Geschichte des britischen Adels reicht zurück bis in die Zeit von Wilhelm dem Eroberer. Er enteignete den eigentlichen britischen Adel und setzte seine eigenen Lehnsherren ein. Dies kann der Herr von Gneist aber besser erläutern.

Bis heute besteht der britische Adel aus zwei Stufen: der Peerage und der Gentry. Gneist nennt diese Adel und Ritterschaft. Als richtige Adelige vor dem Gesetz gelten aber nur die, welche entweder einen Titel verliehen bekommen haben, oder aber einen Titel ererbten. Und einen Titel kann immer nur eine Person tragen, anders als in Europa, wo eine ganze Familie den Titel trägt. Der britische Adel stellt noch heute eine Elite dar, die das Offizierscorps und die Reihen der Politiker mit frischem Blut versorgt.

Bis in die 60er Jahre saßen viele mit ererbten Titeln im House of Lords. Daher gab es für den Beruf des Politikers keine Qualifikation, sondern ein ererbtes Recht, zumindest im Oberhaus. Deshalb kam es zu einer Reform. Viele alte Lords durften nicht mehr im Haus of Lords sitzen, stattdessen wurden neue Titel geschaffen. Diese waren aber nicht erblich. So besteht heute der Adelsstand aus Erben und Leuten, die sich um das Land verdient gemacht haben, und deshalb geadelt wurden. Selbst die Primogenitur, dass also nur der erstegeborene Sohn erben darf, wird heute immer weiter aufgeweicht. Im Königshaus ist es schon seit 2013 Hausgesetz, dass auch eine erstgeborene Tochter erben kann.

I.

Nach dem Rücktritt des Toryministeriums hat Graf Derby am 5. Januar 1853 zu Liverpool eine Rede über den englischen Adel gehalten, welche ich in dem nachstehenden näher ausführe und belege.

England ist das Land der Aristokratie — ein Land, in welchem Rangverhältnisse Gegenstand gerichtlicher Entscheidungen, gesetzlicher Feststellungen, ein Teil des Staatsrechts sind.

Die bekannten fünf Stufen des englischen Adels 0 sind: Herzöge, Marquis, Grafen, Vicomtes und einfache Lords oder Barone.

Vor den Herzögen Rangieren des Königs Söhne, Enkel, Brüder, Onkel und Neffen. Der Adel lässt ferner den Vortritt den Spitzen der gelehrten Professionen, d. h. der alten vornehmen Zweige, der Theologie und der Rechtswissenschaft. Die Erzbischöfe und der Lordkanzler Rangiren vor den Herzögen, die Bischöfe vor den Lords. Auch der Lord-Schatzmeister, der Präsident des Staatsrates (Geheimrats) und der Geheimsiegelbewahrer haben den Vortritt vor den Herzögen, wenn sie Lords sind.

Nach dem Herkommen haben endlich die Söhne des Adels einen gewissen Rang, obgleich sie nicht Pairs sind.

Mit den Lords schließt der wirkliche Adel, die Nobility.

Nach derselben folgen dann einige Klassen, welche, obgleich nach dem Gesetz nicht adlig, dennoch eine Art von niederem Adel bilden, in folgender Reihe: der Sprecher des Unterhauses, die Ritter des Hosenbandordens, die Staatsräte (Geheimräte), der Schatzkanzler, die Vizekanzler, die Präsidenten und Richter der ordentlichen Gerichtshöfe, die Baronets, die Ritter des Bath- und anderer Orden, Land- und Seeoffiziere mit Obristenrang, Doktoren, geistliche Dekane und Kanzler.

Das Ganze bildet eine zusammengesetzte Präzedenztafel, in welcher alle übrigen Honoratioren unter dem Namen Esquires und Gentlemen den Schluss machen.

Verhältnismäßig einfach sind die Titulaturen.

Das eigentliche Prädikat des Adels ist der Titel „Lord", welcher von Rechtswegen nur zusteht den 421 Pairs und den Häuptern der 128 Familien des schottischen und irischen Adels, die keinen Sitz im Oberhaus, den Bang aber unmittelbar nach den Pairs gleicher Stufe haben.

Nach dem Herkommen führen Lordstitel die Söhne, zum Teil auch die Enkel der höheren Pairsklassen, jedoch nicht in amtlichen Urkunden. Pairssöhne niederer Klassen heißen Honourables. Das Prädikat Right Honourable teilen aber die Adelsklassen mit den Staatsräten und andern hohen Beamten.

Ein Ritter und Baronet erhält das Prädikat Herr (Sir),
vor den Vornamen gesetzt.

Die Gemahlinnen aller Lords und Ritter heißen Ladys
und teilen den Rang ihrer Gatten.

Die unvermählten Töchter der Pairs werden aus
Courtoisie den ältesten Söhnen gleichgestellt; Töchter
der Herzöge, Marquis und Grafen heißen Ladys.

Der Bang dagegen, der nur auf Amt oder gelehrter
Profession beruht, teilt sich Frauen in der Kegel nicht
mit.

Die gesamte Gentry, die keinen dieser höheren Titel
führt, wird im gewöhnlichen Leben durch den Zusatz
„Esquire" hinter dem Hauptnamen stilisiert.

Esquire und Gentleman bezeichnet im Allgemeinen den
selbstständigen Mann, der von seinen Beuten oder einer
„respektablen" Beschäftigung lebt. Dabei ist anerkannt,
dass ein gewisses Einkommen die Grundlage der Gentry
bildet; und da das geringste Einkommen eines
Abgeordneten zum Unterhause 2000 Thlr. (j^. 300) sein

muss; so kann man dies als ungefähren Anhalt annehmen. Die ältere Ansicht, nach welcher selbst ein Millionär kein Gentleman war, so lange er einen offenen Laden zum Einzelverkauf hält, ist allmählich im Verschwinden. Ohne Rücksicht auf das Einkommen gehören die Söhne von Lords und Ritter zur Gentry. Ebenso die beiden alten Zweige der geistigen Arbeit. Der Geistliche und der Advokat ist immer ein Gentleman, ohne Bücksicht auf das Einkommen.

Die Gesamtzahl der selbstständigen Familien des Adels und der Gentry wird in England auf etwa 60,000 veranschlagt. Die Einkommensteuer ergibt mehr als 45,000 Personen mit einem jährlichen Einkommen von 2000 Thlr. und darüber.

Eine genauere Begrenzung der Gentry ist nicht zu geben; kein Historiker und kein Jurist weiss sie zu definieren. Diese Unbestimmtheit des Begriffs ist nun aber kein zufälliger Mangel, sondern ein Erzeugnis der ganzen Geschichte und Gesetzgebung Englands.

So undefinierbar diese Gentry erscheint, so unzweifelhaft ist es, dass sie seit mehreren Jahrhunderten die eigentliche Staatsmacht in England darstellt.

Der Schwerpunkt der englischen Verfassung liegt bekanntlich im Unterhause durch das Steuerbewilligungsrecht.

Das Unterhaus war nun aber von jeher ausschließlich in den Händen der Gentry. Ein Abgeordneter der

Grafschaft muss mindestens 4000 Thlr., ein städtischer mindestens 2000 Thlr. an jährlichem Einkommen nachweisen; und tatsächlich ist das Durchschnittseinkommen zehnfach höher.

In dem Unterhaus von 1853 sitzen 64 Titularlords, irische Lords und Honourables, 87 Ritter; die Übrigen Rittergutsbesitzer nach unseren Begriffen und Kapitalisten. Schon am Schluss der Periode der Stuarts wurde das Durchschnittseinkommen eines Unterhausmitgliedes auf 5-6000 Thlr. jährlich veranschlagt. Dem langen Parlament, welches den Krieg gegen Carl I. führte, rechnete man ein Gesamteinkommen von 400,000 nach, höher, als das damalige Gesamteinkommen der Lords.

Dieser Gentry im Unterhaus unmittelbar untergeordnet ist der Arm der Staatsgewalt, das stehende Heer; es existiert nur durch die jährliche Genehmigung des Parlaments. Die Offiziersstellen sind von der Gentry besetzt und bis zum Captain hinauf für die reichen Klassen sogar käuflich.

Noch bedeutsamer für die innere Landesverfassung ist die Landwehr oder Grafschaftsmiliz; ihre Offiziere sind aber ohne Ausnahme Gentlemen; die Oberbefehlshaber (Lordlieutenants) große Grundherren.

Eben so entschieden ist die Gewalt der Gentry in der Zivilverwaltung. In allen Staaten gehören die Träger der obrigkeitlichen Ämter der herrschenden Klasse an. Der reine Beamtenstaat erhebt aber auch den arm und niedrig geborenen zu den höchsten Stellen und gibt ihm durch das lebenslängliche Gehalt die Stellung der höheren Erlasse.

In England dagegen ist tatsächlich nur die Gentry zu obrigkeitlichen Ämtern befähigt. Der Beamte wird nicht erst Gentleman, sondern er war es bereits, ehe er Beamter oder Offizier wurde, und akzentuiert diesen Umstand in der Regel sehr bemerkbar.

Alle höchsten Staatsämter werden besetzt aus dem Parlament, also aus Lords und Gentry.

Die 15000 Geistlichen der Staatskirche bis zum einfachen Pfarrer herab, alle Richter und Advokaten sind Gentlemen, und reichen mit den Spitzen ihrer Profession in das Oberhaus hinein. Wenn man einen einfachen Advokaten, wie Hemy Brougham, als Lordkanzler über die Herzöge setzen kann: So lässt sich schließen, welche Stelle die Advokaten überhaupt unter der Gentry einnehmen.

In der Grafschaftsverwaltung üben die Friedensrichter jene Straf- und Polizeigewalt aus, welche im täglichen Leben vorzugsweise die Gewalt der Obrigkeit darstellt. Von den 14000 Friedensrichtern Englands besteht nun aber der größere Teil aus Rittergutsbesitzern (in unserem Sinne), der kleinere Teil aus städtischen Honoratioren.

Die unteren Verwaltungsbeamten für die Kreise und Ortschaften werden größtenteils von den Friedensrichtern eingesetzt, und insbesondere von dem

Sheriff, dem Hauptrepräsentanten der Gentry der Grafschaft.

Zahlreiche Funktionen ferner, welche nach unseren Begriffen der Staatsgewalt zustehen, fallen in England Privatvereinen und Korporationen zu.

Bei Vereinen mit dem Prinzip der Beiträge und gewählten Vorsteher ist aber das Übergewicht des Besitzes nur noch stärker; sie stehen sämtlich unter dem Patronat des Adels und unter ausschließlicher Leitung der Gentry.

Von den 60000 Familien der Gentry sind mehr als die Hälfte als Offiziere in Marine, Heer oder Landwehr, als Prälaten oder Pfarrer, als Beamte der Zentralverwaltung, als Richter oder Unterrichter, als Sheriffs, Friedensrichter, Grafschaftsbeamte, als Vorsteher von Vereinen oder Korporationen, irgendwie an der Ausübung der Staatsgewalt beteiligt.

Und gegen einen Eingriff in diese Stellung, d. h. gegen einen Bruch der Verfassung, hat sich die Gentry nach allen Seiten hin mit allen Mitteln gedeckt, die eine Verfassung dagegen gewähren kann. Und ein Missbrauch der Staatsgewalt könnte die schwächeren Klassen einem Usurpator in die Arme fähren. Dagegen schützt freilich keine Verfassung, sondern nur die Einsicht, die Mäßigung und der Rechtssinn der höheren Klassen, welche in England stets, in Frankreich nie vorhanden waren.

Dasselbe Verhältnis finden wir übrigens wieder in den nordamerikanischen Freistaaten, wo die obrigkeitliche Gewalt unmittelbar in den Händen der Gentry liegt, welche auch die englischen Lords in sich begreift. Dass dort ein neuer Mann, welcher nicht zur eingeborenen Gentry gehört, zu einer Stelle als Abgeordneter oder zu einem hohen Staatsamt gelangte, ist fast unerhört.

Der Grund, aus welchem in diesen parlamentarischen Verfassungen die erste Klasse des Besitzes sich der Staatsgewalt bemächtigt, liegt offenbar in dem Wesen des Besitzes selbst.

Im ländlichen wie im städtischen Besitz erscheinen zunächst die arbeitenden Klassen massenweis abhängig durch das Gesindewesen und den häuslichen Verband der Arbeitsgehilfen, welcher in der neueren Entwickelung in ein kündbares Lohn- und Auftragsverhältnis übergeht, immer aber die Existenz des Arbeiters nur von der Mäßigung des Herrn abhängig macht, oder vielmehr von dessen verständiger Einsicht in sein eigenes Interesse.

Dies Abhängigkeitsband erstreckt sich sodann durch die mittleren Klassen hindurch und macht den kleineren Grundbesitzer, Kaufmann, Handwerker, Unternehmer, Kapitalisten abhängig von dem größeren. Auch durchkreuzen sich die verschiedenen Zweige des materiellen Besitzes unter sich und mit dem geistigen Besitz. Der Haus- und Gutsbesitzer wird abhängig von seinen Gläubigem, der Unternehmer vom Kapitalisten, und dieser von jenem; der Advokat und der Arzt von seinen Kunden, der Geistliche von seinen Pfarrkindern und umgekehrt; der Untergebene von dem oberen Beamten, u. s f.

Es ist unmöglich, mit wenig Worten dies Netz der Abhängigkeitsverhältnisse zu erschöpfen. Es mag ein jeder Einzelne versuchen, die Personen zusammenzuzählen, die als Familienglieder, Diener, Handwerker, Arbeiter, oder durch sonstige Gönner- und Kundschaft, von ihm abhängig sind; dann die Betrachtung umkehren auf die Banden, die ihn selbst binden; diese Rechnung millionenmal vervielfältigen: So wird ein ungefähres Bild des Netzes von Abhängigkeiten entstehen, welches wir die Gesellschaft nennen.

Sie gliedert die Menschen nach materiellem und geistigem Besitz in feste Klassen, in welchen der Nichtbesitz im Ganzen eben so erblich ist wie der Besitz.

Sie verbreitet über alle Zweige des menschlichen Lebens eine Abhängigkeit, die mit hundert Fäden jeden Einzelnen von dem Willen und der guten Meinung Anderer abhängig macht, und den Schwerpunkt des ganzen Systems zuletzt in eine herrschende Klasse legt.

Abhängig nennen wir den, der mit sichtbaren Banden von Einem oder Wenigen abhängt; unabhängig den, der durch hundert unsichtbare Fäden gebunden ist. Ein gewisser Grad von Charakterstärke mag versuchen, diese Banden zu zerreißen; zu lösen vermag sie der Einzelne überhaupt nicht. Nur die Gesamtheit kann in verständiger Einsicht in ihr gemeinsames wahres

Interesse diese Abhängigkeit versittlichen, mildem, aufheben, so weit dies durch menschliche Einrichtungen überhaupt möglich: und diese Einrichtungen bilden den Staat.

Finden wir nun, dass in einem Staat der Adel, d. i. die besitzende Klasse der Gesellschaft, eine dauernde Herrschaft unangefochten behauptet: So mögen wir schließen, dass dies das Verdienst seiner Mäßigung, der Lohn seiner verständigen Einsicht ist.

Steht England einzig in Europa da, als das Land, wo die Staatsgewalt sich niemals vom Besitze getrennt hat, so ist England auch das Normalland für die Frage: Durch welche Gesetze und Einrichtungen besteht und erhält sich die Gewalt der besitzenden Klassen im Staat.

Und dies führt mich zunächst zur Entstehung des englischen Adels.

II.

Die Elemente des englischen Adels wurden im Jahre 1066 aus Frankreich zu Schiffe importiert.

Um diese Zeit sassen die Enkel wilder teutonischer Seeräuber in der Normandie, welche sie den Königen von Frankreich abgetrotzt hatten.

Die besondere Bildsamkeit dieses Stammes hatte die romanische Sprache, die Gewandtheit der Rede, die Leichtigkeit der Bewegung und die besondere Liebe zum Besitz auf französischem Boden schnell sich angeeignet.

Die Normannen bildeten hier eine Art von Militärkolonie, welche durch ein neugestaltetes Soldsystem in der Weise eines stehenden Heeres zusammengehalten wurde.

Das System eines Heeres, dessen Sold in Ländereien besteht, so weit diese den Charakter eines Soldes zulassen, ist das Lehnswesen.

Die fahrenden Krieger sassen also jetzt auf verliehenen Bauerhöfen und übten fleißig den Waffendienst; ihre Häuptlinge hatten größere Herrschaften erhalten, in denen sie sich befestigten, so gut es die Zeit verstand.

Da berief Wilhelm der Bastard, ihr oberster Häuptling, jetzt Herzog genannt, seine Mannen zu einer Versammlung, nut dem Vorschlag, nach England hinüberzuziehen und das Land zu erobern.

Sie entgegneten: Sie seien arm, und durch viele frühere Hilfen und Steuern gedrückt; König Harold dagegen besitze große Schätze, mit denen er Freunde, Anführer und Könige in seinen Sold nehmen könne u. s. w.

Mit Mühe gelang es, sie zu dem Zuge zu bewegen, zu welchem massenweis auch fremde Abenteurer aus Frankreich und Flamland beutelustig herbeiströmten.

Ein Menschenalter später finden wir diese „armen" Leute wieder als Kern einer stolzen Ritterschaft, ihre Führer als die Grafen und Barone von England.

Woher diese Umwandlung?

Der Besitz hat hier, wie immer, neue Stände gebildet.

Nach der Eroberung hatte Wilhelm schrittweise die angelsächsischen Herren ihres Besitzes entsetzt und diesen an die Führer des Normannenheeres verliehen»). Die Verleihungen waren großenteils nur bedingt in der Weise eines Soldes geschehen, und gegen Ende seiner Regierung führte Wilhelm den Plan durch, die Landesbewaffnung und den Grundbesitz nach diesem System umzugestalten. Die noch vorhandenen Freieigentümer mussten sich denselben Formen unterwerfen, als ob ihnen das Land soldweise geliehen wäre.

So zerfiel jetzt ganz England in 60,215 Ritterlehne, verteilt zwischen den König, seine Mannen und die Kirche.

Die Gesamtzahl dieser sogenannten Kronvasallen betrug jetzt gegen 1400. Die große Mehrzahl derselben hatte nur einzelne Höfe erhalten; die Anführer dagegen größere Besitzungen (Herrschaften). Die Besitzungen Einiger umfassten mehrere hundert Ritterlehne, welche sie größtenteils soldweise weiter verliehen an einzelne Krieger, die nun ein Gefolge unter ihren Befehlen bildeten.

So besteht das Lehnsheer aus etwa 1400 Kronvasallen und 7871 Untervasallen, darunter viele Sachsen, die ihre Höfe in dieser Weise erhalten hatten; den Best bilden abhängige Leute, die wieder unter jenen dienen. Die kleineren Kronvasallen stehen unter Führern, die der König ernennt; die großen Herrn mit ihren Untervasallen bilden eigene Abteilung in dem Lehnsheere.

Diese Gliederung des Heeres ist zugleich Gliederung des Grundbesitzes im Lande. Wie im Heere der Mann dem Mann, so ist hier der Grundbesitz dem Grundbesitz untergeordnet. Jede Scholle Landes wird

von einem Oberen besessen; das Obereigentum des Glänzen läuft in der Person des Königs zusammen.

Es war damit eine Einheit des Systems erreicht, welche ihres Gleichen in Europa nicht hatte.

Jede Gliederung der Art ist indessen nur eine Theorie, deren weitere Schicksale durch die Entwickelung der Besitzverhältnisse bedingt sind.

Die Klippe für alle Lehnsverfassungen war nun aber das Übergewicht der großen Vasallen. ^)

Besitz, Kriegsführung und geselliges Leben machten das Band, welches den Vasallen mit seinen Untervasallen und Hintersassen vereinte, bald enger und fester, wie das gemeinsame Band, welches sie dem König unterwarf. Die großen Vasallen wurden dadurch zu Grundherrn, dann zu Landesherrn, und sind heute in Deutschland souveräne Fürsten.

Dieselbe Tendenz hat das Lehnswesen in England; nur der Erhalt des Königtums vermochte ihm eine andere Richtung zu geben und das Land vor der Zersplitterung des Feudalwesens zu bewahren.

In dieser Richtung finden wir das englische Königtum Jahrhunderte lang systematisch tätig und die wesentlichen Punkte dabei sind folgende drei:

Der erste Punkt ist die Gerichtsgewalt.

Der Rechtsschutz für Person und Eigentum ist in der Tat das Höchste und Heiligste, was eine geordnete Staatsgewalt ihren Untertanen zu erteilen hat. Die stärkeren Klassen indessen, nicht zufrieden mit der Herrschaft über die wirtschaftliche Existenz ihrer Untergebenen, streben danach, auch die Erteilung des Rechts von der Gunst des Herrn abhängig zu machen.

In dem Lehnsstaat selbst lagen die Grundlagen dazu. Als Kriegsführer üben die großen Vasallen eine militärische Strafgewalt, als Grundherrn eine häusliche Gewalt über ihre Knechte, d. h. über Alle, welche auf geliehenem Gute sitzen. Unter einer schwachen Staatsgewalt erwuchs daraus leicht eine umfassende Lehns- und Patrimonialgerichtsbarkeit.

Anders in England.

Von Anfang an blieben die Lehnsgerichte beschränkt auf das verliehene Eigentum, auf Prozesse bis zu 40 Sh., und auf Schlägereien und Verwundungen, so weit dies zur Militärdisziplin nötig.

Sie werden sodann schrittweise den ordentlichen Grafschaftsgerichten untergeordnet.

Ein ausdrückliches Gesetz untersagt den oberen Lehnsherrn, Appellationen von den unteren Lehnshöfen anzunehmen und zerreißt damit den Zusammenhang der Lehnsgerichte unter sich.

Endlich ist alle Privatgerichtsbarkeit unterdrückt auf dem wahrhaft königlichen Wege einer zeitgemäßen Reform, neben welcher die alten Lehnsgerichte von selbst absterben.

Durch eine lange Reihe von Gesetzen greift das Königtum mächtig in jene Zustände ein, in welchen Fehde und Zweikampf nur noch dem Starken und Waffengeübten Recht und Genugtuung verschaffen; das

Königtum gewährt den gleichen Rechtsschutz allen Klassen, indem es Anklage, Urteilsfindung und Beweis dem königlichen Beamtentum unterwirft, den Zweikampf verdrängt, und damit die alte Gemeindeverfassung zu den Schwurgerichten umbildet.

Vollendet sind diese Reformen im Jahre 1388.

Der zweite Schritt zu demselben Ziele ist die Umgestaltung der Heeresverfassung.

Das Lehnswesen war nur eine Übergangsstufe, um aus der Rohheit des früheren Mittelalters zu den Anfängen einer bürgerlichen Ordnung zu kommen.

Schon unter den ersten Plantagenets beginnt das Königtum dem Lehnsheere ein Gegengewicht entgegenzusetzen, durch die Wiederbelebung der altgermanischen Landwehrverfassung in reformierter Gestalt. Die aus den Freisassen der Grafschaft bestehende Miliz wird neu organisiert mit gewählten Führern (Constabularii) unter Oberleitung des Sheriffs. Sie besteht von nun an als die bewaffnete Macht für den inneren Landesdienst.

Schon Heinrich II. gestattet ferner den Vasallen, die Lehnskriegsdienste mit Geld abzulösen. Das alte Lehnswesen verwandelt sich damit schnell in ein grosses System von Geldabgaben, welche die "ordentliche Revenue" des Königs bilden: Es ist die Grundsteuer des späteren Mittelalters.

Das Königtum erhielt dadurch freie Hand, dem Kontinent auch in der Heeresverfassung voranzueilen. Die auswärtigen Kriege wurden jetzt mit geworbenen Truppen geführt. Ihre überlegene Taktik überwältigte leicht die ritterlichen Armeen Frankreichs, welchen es nicht an Mut, sondern, wie allen Lehnsheeren, nur an Taktik und Strategie fehlte. Die Schlachten von Cressy und Azincourt wurden durch die Aufstellung der Bogenschützen entschieden; die letztere war bereits entschieden, ehe die Ritter ins Treffen kamen.

So war die Lehnsarmee für Angriffs- und Verteidigungskriege überflüssig geworden, der Einfluss der Großen als Heerführer gebrochen und der Kontinent später genötigt, das verbesserte Heersystem ebenfalls anzunehmen.

Der dritte entscheidende Punkt ist das Steuerrecht.

Der Grundherr kann von Hintersasse, die auf geliehenem Gute sitzen, verschiedenartige Abgaben erheben.

Auf dem Kontinent vervielfältigten sich diese ohne Widerstand. Da hier die alte Landwehrverfassung zerstört, die Masse des Landvolks unbewaffnet, die Grundherren bewaffnet, und der Staat zu schwach war, sich der ländlichen schutzlosen Klassen anzunehmen: So wuchs auf dem Kontinent ein endloses System von bäuerlichen Lasten, Abgaben, Zinsen, Zehnten und Frohnden hervor; in Frankreich wurde ein ganzer

Dictionnaire nötig, um auch nur die Namen derselben
zu erschöpfen.

Anders in England.

Hier sind schon die Normannenkönige stark genug, den
Grundherren die Auflegung neuer Abgaben zu
verbieten, ohne Genehmigung des königlichen
Schatzamtes.

Jenes furchtbare System der ländlichen Abgaben und
Frohnden, um dessen willen die Französische
Revolution ausbrach, und dessen Beseitigung auch uns
schmerzhafte Operationen kostete, ist hier also schon im
Keime erstickt; die gutsherrlich-bäuerlichen
Verhältnisse Englands sind schon seit dem zwölften
Jahrhundert durch das Königtum reguliert.

So ist denn der Keim der Landeshoheit, die Gerichts-,
die Militär- und die Besteuerungsgewalt der
Grundherren, die Verbindung dieser Hoheitsrechte mit
dem Grundbesitz, also das eigentliche Feudalwesen,
schon in den ersten Jahrhunderten nach der Eroberung
gebrochen.

Und von nun an schreitet das Königtum unaufhaltsam
auf der Bahn seiner Macht fort.

Bis dahin war das englische Königtum ein Gemisch von
Erb- und Wahlkönigtum gewesen, d. h. abhängig von
der Wahl der Großen.

Unter den Plantagenets wird das Eigentum der Königswürde in der Familie des Landesherrn so weit durchgesetzt, dass die Wahl des Königs auch als Form wegbleibt. Das legitime Königtum wird dadurch in seiner Einsetzung unabhängig von der Macht der Großen.

Jetzt handelte es sich weiter darum, das Königtum auch in seiner Ausübung von den Grundherren unabhängig zu machen; und dieser weitere Fortschritt erfolgte durch die Beseitigung des Widerstandsrechts.

Die normannischen Großen, die Enkel von Seeräubern und Freibeutern, waren in England Emporkömmlinge, ein massenhafter neuer Adel, also, wie alles plötzlich gross Gewordene, übermütig und brutal. Sie konnten nicht vergessen, dass ihr Titel auf die Herrschaft derselbe sei, wie der des Königs, nämlich das Schwert.

Das Lehnrecht verpflichtete sie zwar zur Treue, d. h. zum militärischen Gehorsam. Allein das Mittelalter sah diese Verpflichtungen als gegenseitige an. Glaubte daher der Vasall sich von seinem Lehnsherrn beleidigt, glaubte er, dass ihm Protektion und Recht versagt sei; so kündigte er den Gehorsam, schickte seinem ehemaligen Kampf- und Zeltgenossen einen Absagebrief und schlug sich kameradschaftlich mit dem König herum. Im schlimmsten Fall entschied ein Gericht von Genossen, ob die Aufkündigung des Gehorsams mit Recht geschehen.

Nur die eiserne Strenge Wilhelms vermochte diesen Geist im Zaume zu halten: Unter Stephan brach der zügellose Übermut auf allen Seiten hervor, und verwandelte auf neunzehn Jahre England in eine Mördergrube, ähnlich wie Deutschland zur Zeit des Faustrechts.

Die starke Regierung Heinrichs II. machte diesem Zustand ein Ende durch massenhafte Schleifiing der Burgen des Adels.

Freilich führte die schlechte Regierung Johanns noch einmal zu einem Aufstand, welcher dem König die Magna Charta abnötigte. Unverkennbar haben indessen jetzt sechs Menschenalter den Charakter der normannischen Großen geändert, und aus Emporkömmlingen einen wirklichen Adel geschaffen, der einen neuen Geist der Mäßigung dokumentiert.

Allerdings ist wie in allen Lehnsverfassungen das Widerstandsrecht noch beibehalten. In dem äußersten Fall der Verletzung der vereinbarten Verfassung, heißt es im Art. 61. der Magna Charta:

„mögen diese Barone mit den Gemeinen des Landes Uns befehden und auspfänden mit allen in ihrer Macht stehenden Mitteln, das ist durch Wegnahme unserer Burgen, Ländereien und Besitzungen, und in jeder andern Weise, bis das Unrecht zu ihrer Zufriedenheit hergestellt ist; vorbehaltlich unserer Person, unserer Königin und Kinder." Der Fortschritt darin aber ist, dass nicht mehr die einzelnen Barone den Gehorsam kündigen sollen, sondern nur ein Ausschuss aus der Gesamtheit. Allein auch dabei konnte es nicht bleiben. *
Man sah endlich ein, dass es nicht länger statthaft sei,

die Auflehnung gegen den König gleichzustellen jeder andern Aufkündigung der Treue gegen den Privatherrn.

Man fing daher an zu unterscheiden: und so entstand der Begriff des Hochverrats gegen den König, im Gegensatz der übrigen Fälle, die nun den kleinen Verrat (petty treason) bilden; und man begann 1283 zum ersten Male die rebellischen Herren zu hängen, zu viertheilen und ihre Güter zu konfiszieren.

Das gesegnete Parlament unter Eduard VI. bestätigte durch das Hochverratsgesetz diesen verstärkten Rechtsschutz des Königtums, und in dem später ausbrechenden Kampf der beiden Bösen ward daraus eine furchtbare Waffe.

Unter Eduard IV. fiel die Hälfte des Adels in Acht, und mehr als ein Fünftel des englischen Bodens kam durch Konfiskation in die Hände des Königs.

Mit Warwick, dem Königsmacher, „dem Letzten der Barone", endete jenes Geschlecht von Grundherren, welche noch die Lust in sich fühlten, souveräne Landesherren zu werden.

Durch diese Stellung des englischen Königtums im Mittelalter war nun zugleich entschieden die Stellung des Adels als Stand.

In den germanischen Verfassungen bilden die freien Grundeigentümer beschließende Versammlungen. Diese Freieigentümer in England sind jetzt die 1400

Thronvasallen, in deren Gütern die Aftervasallen und Hintersassen einbegriffen sind.

Die militärische Unterordnung unter das Königtum, (aus der das königliche Veto entstand), hat diesen Rechten keinen Eintrag getan: die Mannen bilden daher, wie in der angelsächsischen Zeit, eine Landesversammlung um den König, die jetzt normannisch „Parliamentum" heißt.

Dem ursprünglichen Systeme nach war jeder Thronvasall dazu berufen; von Anfang an erschienen jedoch in der Regel nur die größeren Herren, die mit einem glänzenden Gefolge auftreten und den Aufwand der großen Hoffeste bestreiten konnten.

Mit Bücksicht hierauf bildete sich frühzeitig die Sitte, die großen Herren durch besondere Ladungsschreiben, Writ, zu berufen; während die kleineren in einem Gesamtschreiben an den Sheriff in Bausch und Bogen eingeladen wurden.

Jene nannte man jetzt große Barone, diese die kleinen Barone,

Die Grenze zwischen beiden machte sich durch Herkommen. Der König konnte dabei nicht willkürlich verfahren: Er hatte es mit Grundherren zu tun, die stets geneigt waren, mit bewaffneter Hand sich Genugtuung für eine Zurücksetzung zu holen. Wollte der König überhaupt ein williges Ohr für seine Vorschläge finden, so musste er die herrschende Ansicht der Mannenversammlung berücksichtigen. Tatsächlich entschied also die Standesmeinung darüber, wen die großen Herren als ihres Gleichen (Pair) ansahen, wer also ein besonderes Berufungsschreiben erhielt.

Diese Barone fingen nunmehr an, ihre besondere Berufung zum Parlament als ihr Recht anzusehen, und die Magna Charta erkannte das längst herkömmlich Gewordene als Recht an.

Einmal anerkannt, war das Recht erblich, wie das verliehene Lehn; und es ist damit eine erbliche Reichsstandschaft, ein Geburtsadel, entstanden.

Die Grundlagen eines Adels, erbliche Herrschaften, waren von je her in England vorhanden; erst durch die Anerkennung des Staats aber ist im Laufe des 12. Jahrhunderts ein Geburtsadel entstanden, dessen Wesen eben in einem besondern erblichen Recht zur Teilnahme an der Staatsgewalt besteht.

Jeder Geburtsadel hat die Tendenz, das so errungene Recht zu einem ausschließlichen zu machen und die aufstrebenden neuen Elemente davon auszuschließen. So geschah es namentlich in Deutschland.

In England ist indessen das Königtum stark genug niemals ein ausschließliches Recht auf die Reichsstandschaft entstehen zu lassen. Es war und blieb alte Reichssatzung, dass von Rechts wegen jeder Thronvasall durch ein besonderes Ladungsschreiben (Writ) zum Parlament berufen werden könne.

Der König konnte daher, nach wie vor, jeden freien Mann zum Thronvasallen machen, und jeden

Thronvasallen zur Reichsstandschaft berufen. So erhob Richard V. den Sohn eines Kaufmanns von London, Michael de la Pole, zum Pair und Grafen von Suffolk; fast aus jeder Regierung sind Beispiele der Art bekannt, seit Richard V. beginnen auch Adelsernennungen durch einfaches Patent.

Wir finden natürlich auch in England ein lebhaftes Widerstreben dagegen, und im Zusammenhang damit steht der immer wiederholte. Kampf der Großen gegen einzelne neu erhobene Pairs, die sogenannten Günstlinge. Als in dem Jahrhundert der französischen Kriege die Könige verdiente Kriegsobersten (Banneret) in das Parlament beriefen, machte man noch einen Unterschied. Sie heißen in den Parlamentsurkunden Monsieurs, während nur die erblichen Lords Sires heißen.

Mit der Schwäche des Königtums in dem Kampf der beiden Rosen werden die persönlichen Berufungen überhaupt seltener. Da der alte Bestand des Parlaments einmal Besitzer erblicher Herrschaften umfasste, so musste sich das Königtum allmählich bequemen, die Neuernannten ebenfalls erblich zu berufen, wenn sie den Alten gleichgehalten werden sollten.

So geschah es von nun an gewöhnlich. Man behandelte den Neuernannten (um ihn gleichzustellen) so, als ob er eine erbliche Baronie besäße. Juristisch ausgedrückt: der Pair wird fingiert als Besitzer einer Baronie.

Unerschütterlich fest aber hielt das Königtum an seinem unumschränkten und ausschließlichen Berufungsrecht.

Die Zeit, in welcher die großen Grundherren dem Königtum gefährlich werden konnten, war jetzt vorüber. Nach dem Kriege der beiden Kosen waren nur noch 29 alte Grundherrn übrig, zum Teil noch geächtet, geschwächt, verarmt. Heinrich VIII. stattete sie mit fürstlicher Freigiebigkeit neu aus durch säkularisierte Klostergüter, brachte sie damit zu gänzlicher Unterwürfigkeit, und ergänzte ihre Reihen durch zahlreiche neue Ernennungen.

Seit dieser Zeit datiert eine neue Entwickelungsperiode des Adels von nun an behandelt das Königtum, — auf dem Höhepunkt seiner Macht, — grundsätzlich die Adelswürde als Anerkennung des Verdienstes, und stellt den Neuernannten ohne Rücksicht auf die Art seines Besitzes dem alten Grundadel gleich.

So brachte Heinrich VIII. die Zahl der Pairs auf 51, Jacob I. auf 96, Carl I. auf 119, Carl H. auf 139, und so wachsend bis 377, welche in diesem Augenblick als englische Pairs im Oberhause sitzen.

Von diesem heutigen Bestand der Pairs datieren 170 den Titel, vermöge dessen sie im Hause sitzen, erst aus dem 19. Jahrhundert, 124 aus dem 18. Jahrhundert, 54 aus der Periode der Stuarts, 14 aus der Periode der Tudors; nur 14 aus dem ganzen Bestände sind direkte Abkömmlinge mittelalterlicher Pairs.

Der älteste dieser fürstlichen Pairs ist der Herzog von Norfolk von 1139; der jüngste ist der Graf Derby von 1485; — seitdem sind in England 1194 Pairs-

Ernennungen und Erhöhungen vorgekommen, darunter 254 allein unter Georg HI.

Jene 14 mittelalterlichen Lords sind eine Zierde des Parlaments; sie haben das Prinzip der Erblichkeit, den Hermelin und die fürstlichen Erinnerungen aus dem Mittelalter in die Gegenwart übertragen: Sie geben der heutigen Pairie aber nicht ihren Charakter.

Es ist unrecht, die englische Pairie als ein feudales Institut anzusehen die größere Hälfte dieser Pairs hat ihren heutigen Adelstitel erst aus den letzten zwei Menschenaltem, der Pairs erst nach der Zeit, in welcher unter Carl U. die Lehnsverhältnisse zur Krone aufgehoben wurden. Kein einziger Pair besitzt jetzt mehr eine Baronie; es gibt überhaupt in England keine wirkliche Baronie mehr. Die Ernennung zum Pair setzt weder eine bestimmte Art, noch ein bestimmtes Maß des Besitzes voraus, noch erteilt sie irgend welche gutsherrliche Rechte, noch einen privilegierten Besitz, noch bildet sie einen privilegierten Stand.

Das Königtum wollte nicht, dass um der Verdienste einzelner Ahnen willen eine Klasse von vielen tausend privilegierten Familien entstände, die mit ungleichem Recht dem neuen Verdienst und dem neuen Besitz entgegenträte. Nur die Häupter, als Repräsentanten berühmter Familien, sind daher zum Oberhaus berufen, während die ganze Familie sich durch kein Vorrecht von den übrigen Klassen scheidet. Hochherzig ging das Königtum selbst in diesem Prinzip voran; schon der Sohn eines königlichen Cousins ist nach gemeinem Recht kein Prinz mehr, auch kein Lord, sondern ein einfacher Gentleman. Erst ein Gesetz unter Königin Anna machte eine Ausnahme für die Deszendenten der Kurfürstin Sophie von Hannover.

So blieb dieser Adel der stetige Vermittler zwischen dem alten Besitz und seinem Recht und dem neuen Verdienst und seinem Recht. Seit vielen Menschenaltern ist ein Adelspatent eine Auszeichnung für hervorragende Staatsmänner des Unterhauses, Generale, Gouverneure, angesehene Juristen u. s. w.: an jeden Fair knüpft sich ein Stück englischer Geschichte; — aber nicht bloß alte Geschichte, sondern auch neue Geschichte. Dieser Adel schmiegt sich eben dadurch an die bestehenden Besitzverhältnisse an, bleibt untrennbar verbunden mit der herrschenden Klasse der Gentry, aus der er stetig hervorgeht, in die er stetig zurücktritt; — er ist selbst nur eine potenzierte Gentry; — darin liegt das Geheimnis seiner Macht.

Dieser Charakter des Adels führt mich nunmehr weiter zur Gestaltung der englischen Ritterschaft.

III.

Auch die englische Ritterschaft bildet einen Adel im weiteren Sinne des Worts.

Jeder Adel entsteht durch den Besitz; jeder Besitz bildet einen Adel durch Anerkennung der Staatsgewalt.

Jeder Besitz ist ursprünglich ein erworbener; die erwerbende Arbeit des Mittelalters ist aber vor allem das Kriegshandwerk. Dadurch hat die englische Ritterschaft sich ihre Stellung allmählich erworben, eben so, und mit demselben Recht, wie Königtum und Adel, — durch das Schwert.

Nach der Eroberung Englands forderten auch die kleineren Mannen ihre Belohnung. Wie den Offizieren des Lehnsheeres größere Herrschaften, so wurden ihnen einzelne Höfe zu Teil, kleiner, als unsere Rittergüter, doch gross genug, um den Hausstand eines gerüsteten Kriegers zu erhalten.

Die neuere Art der Kriegführung, auf schwere Rüstung und Waffen berechnet, erforderte fortdauernde Übung und Gewöhnung. Die Waffenarbeit ward damit zum Lebensberuf, in welchem die Formen und Stufen der mittelalterlichen Arbeit sich geltend machen.

Die Meisterwürde im Kriegshandwerk ist die Ritterwürde. Sie gibt dem, der sie erworben, einen anerkannten Dienstrang mit dem Ehrentitel „Herr, Sir, Dominus," in den romanischen Sprachen „Don".

Wie nun aber die geistige Arbeit der Kirche in ihren höchsten Stufen die Gleichstellung mit dem Adel errungen hat, so in den mittleren Stufen die mit der Ritterschaft. Auch die Graduierten der Wissenschaft an den Universitäten, erhielten daher das Prädikat „Sir" gleich den Rittern.

Die Entstehung der Ritterwürde ist ein grosser gesellschaftlicher Fortschritt des Mittelalters. Sie ward von nun an zu einem ehrenvollen Bande, welches den Adel mit den Mittelständen vereinte. In jenen rohen Zeiten, in welchen der Übermut des großen Besitzes drückender auf den schwächeren Klassen lastete, wie in den späteren Perioden der Zivilisation, erhielt die Ritterwürde einen gewissen Geist der Gleichheit und der gemeinsamen Ehre unter dem großen und dem kleinen Vasallen; während die Kirche durch ihre Weihe die ursprüngliche Rohheit zu mildern suchte. Auch die großen Herren mussten jetzt sich erst die Spornen verdienen, ehe sie den Befehl über Ritter führen durften; die Ritterwürde wird daher das Symbol der Vereinigung des großen mit dem kleineren Besitz, des Führers mit dem Krieger, des Normannen mit dem Angelsachsen.

Freilich dauert noch fort eine Plumpheit in den Formen, welche die Ritterschaft des Mittelalters weit hinter dem chevaleresken Geschlecht unserer Romane zurücklässt.

Die feinere adlige Sitte datiert in Frankreich erst aus dem 17. Jahrhundert, in England noch später.

Wie alle Berufszweige des Mittelalters, so hat nun auch die Ritterschaft das natürliche Bestreben, sich als Stand abzuschließen: Die mittleren Stände folgen darin den höheren, die Ritterschaft dem Adel.

Der Weg dazu war folgender. Die Ritterwürde setzt einen selbstständigen Besitz voraus; denn nur ein solcher gewährt die Mittel zu einer schweren Bewaffnung und die Müsse zu einem dauernden Lebensberuf. Schon dadurch entstand ein Zusammenhang zwischen der Ritterwürde und dem Besitz eines selbstständigen Guts, einem Ritterlehen. Zwar konnte jeder freie Mann den Ritterschlag erhalten: doch als vorzugsweise berufen sahen sich bald die Besitzer von Ritterlehnen an; und andrerseits waren sie durch den Besitz des Lehns selbst verpflichtet, sich dem Lehnsherrn als vollkommen ausgebildete Kriegsmänner durch den Ritterschlag auszuweisen.

Wollte sich nun die Ritterschaft als Geburtsstand abschliessen, so bedurfte es dazu vor Allem der Unveräußerlichkeit der Ritterlehne.

Auf dem Kontinent wurde dieselbe in der Regel durchgesetzt. Da nämlich der Lehnsherr in eine Veräußerung des Lehns Konsentieren musste, so benutzte die Ritterschaft ihren Einfluss dahin, dass der Konsens nur zur Veräußerung an Standesgenossen gegeben wurde; allmählich wurde dies dann zum Gesetz erhoben. Daran schlössen sich ferner Majorate und Fideikommisse, um das Gut auch in der Familie unveräußerlich zu machen.

Diese künstlichen Schutzinstitute waren zwar in dem deutschen Recht nicht vorhanden, und widersprachen dem später aufgenommenen römischen Recht. Die Landesherren waren indessen gezwungen, Konzessionen zu machen an die stärkste Klasse, die sich nur unter solchen Bedingungen dem neu entstehenden Beamten-Staat unterwarf.

Anders in England.

Das starke Königtum des Mittelalters war hier nicht in der Lage, Konzessionen zu machen. Als Schutzherr aller Interessen hielt es vielmehr die Veräußerlichkeit und Teilbarkeit des Grundbesitzes fest und in der Magna Charta ist die Veräußerlichkeit der Ritterlehne auch reichsgesetzlich ausgesprochen. Nur für die Veräußerung der unmittelbaren Thronlehne wird der königliche Konsens vorbehalten, dessen Umgehung jedoch nur mit einer Geldbuße belegt ist, die zur bloßen Formalität wird.

Ebenso wurde die Fähigkeit durch Testament zu verfügen allmählich durch die Gesetzgebung erweitert.

Der Erwerb von Rittergütern stand damit zu allen Zeiten allen Klassen offen.

Ein Hauptgrund ferner, welcher auf dem Kontinent die Unteilbarkeit der Rittergüter herbeiführte, nämlich die Verbindung mit den gutsherrlichen Rechten, fiel in England weg.

Die Ritterschaft folgt auch hier den Rechtsverhältnissen des Adels. Das Recht der Besteuerung, Gerichtsbarkeit und Gutspolizei hatte das Königtum dem Adel teils abgenommen, teils nie entstehen lassen. Noch viel weniger konnte die Ritterschaft daran denken; es ist nicht einmal ein Versuch dazu gemacht. Die Ritterschaft selbst fühlte, dass solche Staatshoheitsrechte auf einem einzelnen Gute geübt, für einen Herrn zu wenig, für einen Untertan zu viel sind.

Die Rittergüter unterscheiden sich von anderem Freibesitz überhaupt nicht durch erhöhte Rechte, sondern nur durch doppelte Steuern. Von dem ersten Tage der Berufung des Unterhauses bis heute hat die Ritterschaft willig ihren Anteil an den vom Parlament bewilligten Steuern getragen; und außerdem trug sie die schweren Lehnslasten, welche ja noch immer die „ordentliche Revenue" des Königs bildeten.

Erst durch die Aufhebung der Lehnslasten unter Carl also durch die Aufhebung der doppelten Besteuerung, wurden die Rittergüter dem übrigen Freibesitz gleichgestellt, mit welchem sie seitdem unerkennbar verschmolzen sind.

Durch diesen Gang der Gesetzgebung gelang es in England denn auch, die ursprüngliche Bedeutung der Ritterwürde festzuhalten.

Auf dem Kontinent folgte die Ritterwürde dem Schicksal der Rittergüter: sie wurde ausschließliches Recht einer Klasse, und erblich wie der Besitz.

In ähnlicher Weise fingen die Familien der Ritterschaft in England an, sich anzusehen als ritterbürtig, „zu Helm und Schild geboren", Scutarii, Ecuyers, Esquires.

Allein das Königtum erkannte einen Anspruch dieser Art niemals an: die Ritterwürde blieb vielmehr, was sie gewesen, eine Würde des Verdienstes.

Und als nun unter den Plantagenets die Lehnsverfassung zerfiel, die Miliz für den Landesdienst und die Soldheere für auswärtige Kriege an ihre Stelle traten, verlor sich auch der Zusammenhang zwischen der Ritterwürde und dem Rittergut.

Für den schlichten Sinn des Engländers hatte die Erlangung eines inhaltlosen Titels keinen Reiz; und wir finden von nun an das wunderbare Verhältnis, dass die Könige unter Androhung von Geldbußen die Besitzer von Ritterlehen vorladen, um den Ritterschlag zu empfangen; dass man lieber die Bußen bezahlt und sich für die Versäumung abfindet, und dass endlich nach vielfachen Landesbeschwerden Carl I. die Verpflichtung Ritter zu werden aufhebt.

Die Erteilung der Ritterwürde,—ursprünglich ein genossenschaftliches Recht eines jeden Ritters, — war inzwischen zum ausschließlichen Recht des Königs geworden, und begriff als Würde des persönlichen Verdienstes zwei Abstufungen: einfache Ritter, (Knights Bachelors) und Offiziere, Bannerherrn (Bannerets).

Beide Stufen wurden jedoch seltener, seit mit den französischen Kriegen die Veranlassung dazu aufhörte.

Um dieselbe Zeit hatten die Könige die neuen Stiftungen des Hosenband- und Bath-Ordens gemacht^

mit welchen die Ritterwürde denn allmählig in das neuere System der Verdienstorden überging.

Wie sparsam auch diese in England verteilt werden, zeigt der Stand der Armeeliste. Unter 264 Admiralen Englands finde ich 29 Lords und Honourables, 51 Sirs, 184 untitulierte Admirale; unter der Generalität 49 Lords und Honourables, 97 Sirs und 189 untitulierte Generale.

Erst ein Stuart, Jacob I., wich von der alten Maxime Englands ab, indem er zu dem festen Preise von 1095 für erbliche Ritterwürden, (mit Vorrang vor anderen) verkaufte. So entstanden die Baronets, — eine Anomalie im Systeme, — übrigens ein Titel ohne Rechte.

Die englische Gesetzgebung, indem sie die ursprüngliche Bedeutung der Ritterwürde erhielt, hat damit die Erinnerung an eine ehrenvolle Familienabstammung weder aufheben können noch wollen.

Diese Erinnerungen erhalten sich symbolisch durch die Familienwappen, die in England sorgfältiger gepflegt als auf dem Kontinent, mit einem starken Maß von Familienstolz in Verbindung stehen.

Allein, was die Gesetzgebung verhindern wollte und verhindert hat, war die Entstehung eines besonderen, bevorzugten Standes, der sich durch Namen und Vorrechte von den besitzenden Klassen ausscheidet.

Während die Ritterschaft des Kontinents anfing, sich von ihren Gütern zu nennen, und später auch allmählig die Titel des Adels, Freiherrn-, Grafen-, zuweilen selbst Fürstentitel führte, behielt sie in England ihre einfachen Familiennamen. In England fuhren 35,000 Personen Familienwappen, — großenteils altritterliche Geschlechter, welche auf dem Kontinent sich schwerlich mit ihrem einfachen alten Namen begnügen würden.

Aus diesem Verhältnis der Ritterschaft ergab sich dann weiter ihre Stellung zu den Städten.

Auf dem Kontinent hatten die Landesherren den Bürgerschaften der Städte eben so große Konzessionen machen müssen, wie der Ritterschaft. Innungen, Zünfte, Monopole, Zwangs- und Bannrechte schlössen die Städte scharf von dem Lande ab, und richteten eine Schutzwehr auf, welche die Privilegierten nicht minder begünstigte, wie Majorate und Grundherrlichkeit den privilegierten ländlichen Besitz.

In England war das Königtum stark genug, ein solches System nie entstehen zu lassen. Handel und Gewerbe waren und blieben im Innern des Landes frei, und verteilten sich zwischen Stadt und Land je nach dem Bedürfnis. Die Reichsgesetzgebung für Handel und Gewerbe, wie für den Grundbesitz, war und blieb eine gemeinsame für Stadt und Land; nur in wenigen Städten wurden geschlossene Innungen geduldet.

Da hiemach ein Grund zur Trennung wegfiel, so blieben auch Stadt- und Landgemeinden in gleichförmiger

Grafschafts- und Kreisverfassung vereint. Abgesehen von einer kleinen Zahl von Cities und Ortschaften mit eigenen Magistraten existiert nicht einmal ein Name zur Unterscheidung von Stadt- und Landgemeinden.

Die Frage nach einer Trennung oder Vereinigung entstand nun aber hauptsächlich, als im Jahre 1265 zum ersten Male Abgeordnete der Ritterschaft und der Städte zum Parlament berufen wurden.

Die Stellung der Neuberufenen war Anfangs sehr bescheiden: Sie sollten Rat und Geld geben. Eben deshalb blieb ihnen auch überlassen, ihr Verhältnis unter sich selbst zu bestimmen.

Wir finden in der Tat, dass Anfangs die Ritterschaft sich von den Städten absondert und mit dem Adel

zusammenhält, mit welchem sie die Lehnslasten gemeinschaftlich hat.

Dann folgt ein merkwürdiger Moment in der englischen Geschichte.

Schon nach zwei Menschenaltern ist es der Ritterschaft klar geworden, dass ihre überwiegenden Interessen gemeinsame mit den Städten seien.

Der Ritterschaft war jetzt die Wahl gestellt, welche heute vor uns liegt, eine ständische Absonderung beizubehalten: Sie hat darauf freiwillig verzichtet, und zwar scheinbar unter den ungünstigsten Umständen.

Eduard hatte zu seinem Unterhaus berufen 74 Ritter aus 37 Grafschaften, und dagegen 200 Abgeordnete der Städte, die vom König als Grund- oder Schutzherrn wesentlich abhängig waren. Aus diesem naheliegenden Interesse hat das Königtum die Zahl der städtischen Abgeordneten fortwährend vermehrt: Zuletzt erscheinen 405 städtische gegen 92 ritterschaftliche. Während in Deutschland jedes Rittergut in der ständischen Vertretung so viel beanspruchte, wie eine ganze Stadt, so stand jetzt in England einer kleinen Stadt eben so viel Stimmrecht zu wie einer ganzen Grafschaft.

Man wird von jedem Standpunkt aus die echt englische Mäßigung bewundern müssen, mit welcher der stolze Ritter des Mittelalters, einst der Standesgenossen des Lords, hier neben dem verachteten Exämer umd Handwerker seinen Platz einnimmt und nach Köpfen abstimmt mit einer drei-, später vierfach überlegenen Zahl, — und das zu einer Zeit, wo der ländliche Besitz ungefähr ? des Nationalvermögens ausmachte.

Und diese in der Geschichte einzige Mäßigung hat nur die Folge gehabt, dass gerade dadurch die englische Ritterschaft zu einer in Europa unerhörten Macht und Bedeutung gelangt ist. Von jenem Augenblick an bis heute, ein halbes Jahrtausend hindurch, ist die Land-gentry das eigentlich herrschende Element in dem Unterhaus gewesen. Durch keine Rechtsschranke getrennt von den übrigen besitzenden Klassen, war sie durch Besitz, Intelligenz und althergebrachtes Ansehen die geborene Vertreterin der damaligen Mittelklassen. Ihre Wurzeln in der Volksvertretung wurden immer tiefer; und gerade die kleineren Städte wurden die Hauptpunkte für den unmittelbaren Einfluss des Adels und der Land-gentry, — ein Einfluss, so übermächtig, dass die Reform erst ihn einigermaßen beschränkt hat.

Eben so innig vereint blieb die Ritterschaft mit dem Bauerstand.

Die Gesetze Heinrichs VI. hatten einen Zensus eingeführt, nach welchem Freigutsbesitzer von 40 Shilling Grundrente bei den Wahlen der Grafschaftsritter stimmberechtigt sein sollten. Die Ritterschaft in England hat indes niemals Anstand genommen, mit Bauern und Kossäthen nach Köpfen abzustimmen; und obgleich nach späteren Verhältnissen ein Grundbesitz von 1500 Thlr, Rente doch ein sehr Kleiner war, finden 'Wir dennoch keinen Versuch, diesen Zensus zu ändern. Man machte die Erfahrung, dass gerade je kleiner der Zensus, desto größer der Einfluss des großen Besitzes wird.

In der hat ruht dieser gesicherte Einfluss der Ritterschaft auf dem Lande in dem Wesen des ländlichen Besitzes selbst. Der große Grundbesitzer steht in Haus und Hof einer zahlreichen Dienerschaft gegenüber als Arbeitgeber einer großen Zahl von Familien, deren Existenz mit Frau und Kind von ihm abhängig ist; als Grundherr seinen Pächtern. Dem kleineren Besitzer steht er als Schutzherr gegenüber durch Unterstützung, durch Belehrung, durch Hilfeleistungen, die so oft der kleinere bei dem grossem Nachbar suchen muss. Während in den Gebieten der städtischen und der geistigen Arbeit grosser und kleiner Besitz in stetiger

Konkurrenz und Reibung sich gegenüberstehen, so ist diese in dem ländlichen Besitz fast gar nicht vorhanden. Der Bauer hat seinen Markt in der nächsten Kreisstadt so gut wie der Gutsherr, und bekümmert sich kaum um dessen unmittelbare Konkurrenz und entferntere Spekulationen. Der kleinere Nachbar hat hier also von dem größern nur Wohltaten zu erfahren, nicht aber Schmälerungen seines Gewinnes und seiner Existenz, wie in der Stadt.

In keinem Zweige des Besitzes ist daher die Abhängigkeit des Kleineren fester und sicherer wie hier, wo sich die Autorität und das Übergewicht des großen schon dem sinnlichen Auge vergegenwärtigt.

Aus diesem Grunde galt von je her die Landgentry als die geborene Vertreterin des Bauerstandes. Die Bauern wählten stets ohne Widerstreben Ritter; in den Flecken aber, wo man sie nicht zu wählen brauchte, wählte man sie freiwillig. So hatte die englische Ritterschaft das Geheimnis gefunden, durch welches sie ihre Macht und ihren Einfluss ein halbes Jahrtausend bis heute bewahrt hat.

Es bestand darin, dass sie, wo es eine Interessenvertretung galt, sich dem Wahlrecht aller Klassen unterwarf, die eigene Interessen zu vertreten haben; dass sie andrerseits, wo es die Ausübung obrigkeitlicher Befugnisse galt, sich dem Ernennungsrecht der Krone unterwarf.

Durch diese Mäßigung nach oben und nach unten erhielt sie das sogenannte Gleichgewicht der Gewalten im Staat, ihren Einfluss und die Freiheit Englands.

IV.

Diese Harmonie der Stände ist es, aus welcher der eigentümliche Entwickelungsgang der englischen Verfassung sich erklärt.

Als unter den Stuarts die kritische Periode der englischen Verfassung herannahte, als das Königtum zum ersten Male nicht als Schützer, sondern als Gegner der parlamentarischen Rechte auftrat: Da finden wir Ritterschaft und Städte als Stände einig, und eben darauf beruht der verschiedene Ausgang des Kampfes; während auf dem Kontinent überall die landständischen Verfassungen unbedauert fielen.

Die englische Revolution ist eine Spaltung der besitzenden Klassen über das System der Regierung, kein Kampf der gesellschaftlichen Klassen unter sich.

Die englische Geschichte kennt überhaupt nur einen Bauernaufstand 9 unter Richard V., 1382. Die damaligen Demagogen waren Geistliche. Ihr Führer Ball nahm zu seinem Lieblingstext den alten Reim: „Als Adam grub und Eva spann. Wer war denn da ein Edelmann?"

Er predigte den Bauern: Der Erzbischof, die Grafen, Barone, Richter u. s. w. müssten Alle aus der Welt geschafft werden, — und rührte und begeisterte sie in dem Maße, dass sie versprachen: „dann solle er auch selbst Erzbischof und Lordkanzler werden."

Solche Empörer waren natürlich nicht gefährlich.

Auch während des heftigsten Kampfes der Revolution ist kein Hass der gesellschaftlichen Klassen gegen einander sichtbar. Im Westminsterparlament sassen Lords so gut wie im Parlament des Königs; die Parlamentsheere wurden von Lords kommandiert; Cromwell ist nach Geburt, Erscheinung und Denkungsweise durchaus Gentleman; und noch am Schluss des Kampfes kommt internen Friedensvorschlägen die Erhebung Cromwells zum Lord und ähnliche Standeserhöhungen vor. Selbst nachdem die Puritaner das alte Oberhaus aufgelöst und die Republik erklärt hatten, kam man sofort wieder auf die Bildung eines Oberhauses zurück, und Cromwell wusste sein Parlament nicht anders anzureden: als, „Mylords and Gentlemen!"

Damals haben Adel und Ritterschaft die Probe ihrer Popularität und ihres Einflusses siegreich überstanden.

In Wechselwirkung nun mit dieser Harmonie der Stände steht der ganze Entwickelungsgang der englischen Gesetzgebung.

Ober- und Unterhaus vertraten im Mittelalter zwei völlig gesonderte Systeme des Besitzes.

Übrigens wurde keine rechtliche Absonderung der Stände anerkannt; weder ein Oberhaus zwischen Lords und Bischöfen (die niemals zwei Zonen bildeten), noch im Unterhaus zwischen Rittern und Städten.

Es trat daher auch im Privatrecht niemals eine Sonderung der Gesetzgebung nach Ständen ein.

Die Gesetze über das Grundeigentum, Erbrecht, Testamente, Schuldrecht, kennen keinen Unterschied der Stände.

Ebenso im Familienrecht. Der Rechtsgrundsatz von der Standesmäßigkeit der Ehen ist in England nie bekannt gewesen, weder für das Königshaus, noch für die Lords, geschweige denn für die Ritterschaft. Der Stammvater der Tudors war ein einfacher Privatmann; Herr Hyde, später Lord Clarendon, Großvater zweier regierenden Königinnen.

In Wechselwirkung damit steht ferner die Einheit der Gerichtsverfassung.

Durch den Satz, dass alle Justiz vom König ausgeht, sind in England schon im 14ten Jahrhundert überwunden die Lehns- und Patrimonialgerichte, die Land-und die Stadtgerichte, die Handels- und die Gewerbegerichte. Es gibt in ganz England seit Jahrhunderten nur Eine Justiz, verwaltet durch königliche Richter in Verbindung mit Ausschüssen aus den Gemeinden, welche der königliche Sheriff ernennt (Jury).

Diese Einheit des Ganzen ließ weder besondere Rechte für einzelne Stände entstehen, noch geschlossene Orts- und Provinzialrechte.

Sonderbar ist nun aber die Meinung, dass diese Gestaltungen des englischen Staatslebens „naturwüchsig" seien.

Es gibt in der Tat nur ein Land in Europa, welches im Mittelalter nicht naturwüchsig geblieben, und das ist England. Alle Punkte, um die sich –heute die Naturwüchsigkeitsfrage dreht, Verhältnis der Stände, Militär- und Gerichtsverfassung, Gemeindeordnung, und die daraus folgenden Sätze des Privatrechts, sind in England schon im Mittelalter durch hunderte und abermals hunderte von Gesetzen und Amtseinrichtungen geordnet; während in Deutschland freilich die Staatsgewalt untätig blieb, weil das Kaisertum im Verfall, die Landeshoheit erst im Entstehen war.

Solche Gesetze, die aus dem harmonischen Zusammenwirken nicht geschiedener Stände hervorgehen, sind ihrem Wesen nach gerechte und gute Gesetze, gehen in das Bewusstsein und die lebendige Übung des Volks über.

Aus der gleichen Anwendung dieses Rechts auf alle Stände und auf das Beamtentum selbst, entsteht dann, weiter der feste Sinn für das Recht und die sprüchwörtlich gewordene Achtung vor dem Gesetz.

Daher denn auch die konservative Behandlung dieser Gesetze, daher das Dasein einer konservativen Partei in England.

Jene Harmonie der ständischen Verhältnisse dokumentiert sich endlich in dem ganzen Volksleben.

Wir wissen, wie das Bewusstsein, dass jeder Soldat General werden könne, eine ganze Armee elektrisiert. Von Tausenden erreicht kaum Einer das hohe Ziel; für Hunderte aber, welche die Kraft in sich fühlen, wird es der Sporn zur höchsten Anstrengung der Kräfte.

Dies Prinzip wiederholt sich in dem ganzen englischen Volksleben.

Nirgends stellt sich hier die Staatsgewalt hin zwischen den Einzelnen und sein Emporstreben; nirgends setzt sie der Tätigkeit des Einzelnen eine Grenze; keine Rechtsschranke trennt den Stand vom Stande, das Verdienst von der Ehre. Dem Genie in Staat, Heer und Wissenschaft stand jederzeit ein Platz unter den alten Grafen und Herzögen Englands offen. Was Graf Derby von seinem Ministerium rühmt, war Politik der Tories schon seit vielen Menschenaltern. Die Pitts, George Caiming, Robert Peel, und jetzt der toryistische Lordlkanzler Sir Edward Sugden (Lord St. Leonards) sind redende Beweise dieser Maxime; während der Whigadel seine Führer mehr in den eigenen Reihen fand.

Auf diesem Wegfall der Rechtsschranken beruht die Tat- und Willenskraft des britischen Volks, sein Mut und seine Ausdauer in allen Kämpfen des Lebens. „Tummle dich", lautet das Volkssprüchwort in einem Lande, wo niemals das Gesetz den Handwerker in seinem Gewerbe, den Kaufmann in seinem Geschäftszweig, den Grundbesitzer in einem unveräußerlichen Besitz, den Adel gegen die Verdienste der Emporstrebenden schützte. Jede Ehre und Würde in diesem Lande will nicht bloß erworben, sie will auch durch Kraft, Mäßigung, Tüchtigkeit erhalten werden.

Aus diesem Angewiesensein auf sich selbst entwickelt sich die Charakterstärke und der persönliche Mut der höheren Klassen in England; der Ernst, die Redlichkeit, die Zuverlässigkeit und Treue, mit der allein eine höhere Stellung im öffentlichen Leben zu gewinnen und zu erhalten ist. Entwickelung der Selbstständigkeit und Selbstachtung wird dadurch ein Gemeingut aller Klassen und gibt der englischen Sitte ihr festes Gepräge, dem Einzelnen wie dem Volk seine Willensstärke und seinen Charakter.

England schloss sich Jahrhunderte lang durch Schranken gegen das Ausland ab; aber niemals in seinem Innern. Jeder künstlich gemachte Rechtsschutz der Klassen kann wohl eine schnell verwelkende Blüte herbeiführen, wird aber Niemandem gefährlicher, als der geschützten Klasse selbst.

Allerdings schmeichelt stets ein Schutzzoll für Besitz und Ehre den nächsten Interessen und Wünschen. Jeder Mächtige findet Schmeichler, also auch die besitzenden Klassen.

Es schmeichelt dem Grundbesitzer, zu wissen, dass sein Besitz unveräußerlich, ewig in seiner Familie, und seinem Stande sei. Dies Bewusstsein gibt ihm ein Gefühl der Sicherheit: aber dies Gefühl der Sicherheit ist ein gefährliches. Wohl gibt der vererbte Besitz dem Adel seine Kraft und Haltung, aber nur dann, wenn diese Erhaltung des Besitzes das Verdienst der eigenen Mäßigung und Einsicht war. Die Schutzwehr der Majorate und Fideikommisse dagegen soll den Schwächling und Verschwender auf Kosten Dritter in seinem Besitze schützen und entzieht ihm eben dadurch den sittlichen Halt.

Es schmeichelt dem nächsten Interesse der höheren Klassen, die Standesmäßigkeit ihrer Familienverbindungen durch ein Gesetz zu schützen. In der Tat hält man auf diese Standesmässigkeit der Ehen nirgends mehr, als in der englischen Gentry:

„like blood, like goods, like ages, „make the happiest marriages," lautet das englische Sprichwort: — gewiss richtig, wenn es das Erzeugnis eigener Einsicht und Mäßigung ist; nicht aber da, wo das Gesetz einen künstlichen Schutz gegen die Schwäche und Sinnlichkeit des Einzelnen aufrichtet.

Die höheren Klassen haben es gern, durch Titel und äußere Zeichen ihre Abstammung darzutun: Aber diese Namen und Zeichen erhalten ihren Wert nur, wenn sie durch Tüchtigkeit erworben und erhalten werden. Ohne sittliche Würde und ohne die äußeren Mittel werden sie zur Last für den Einzelnen, wie für den Staat, und zur Herabsetzung des Standes.

Jeder Schutzzoll für Besitz und Ehren erzeugt ein schwächliches, entartetes Geschlecht, stets schütz- und rettungsbedürftig.

Diese Wahrheit hat Adel und Gentry in England von jeher gefühlt: und darauf beruht der positive Begriff der Aristokratie in England. Der Gentleman weiss, dass er zuerst Edelmann sein muss in seiner. Familie und in seinem Haus, gegen seine Dienerschaft und seine Leute, ein Edelmann im Worthalten und Schuldenbezahlen, ein Edelmann in seiner Gesellschaft, im Vereins-, Genossenschaft- und Gemeindeleben, — und dann erst ein Edelmann im Staat.

Allerdings hatte auch England aus seinem Mittelalter heraus eine Reihe solcher Schutz- und Sonderrechte zu überwinden: Es hat sie aber überwunden —

schrittweise, — und war dabei immer dem Kontinent voran, bis zum Ende des 18ten Jahrhunderts. Und dabei machte man die Erfahrung, dass jedes Aufgeben eines Sonderrechts nur die Folge hat, einen Widerstreit der Interessen unter den besitzenden Klassen aufzuheben und die Macht des Besitzes im Ganzen zu verstärken. Dies ist der nächste Sinn der sogenannten Emanzipationen. Darum ist jeder Fortschritt in England unwiderruflich.

Eben dadurch wurde in England aus dem selbstständigen Besitz jeder Art eine feste, untrennbare, durch ihre Interessen fest vereinte Masse, — und das ist die Gentry, in welcher adlige Gesinnung Gemeingut geblieben ist.

Was aber die Mäßigung der höheren Klassen in England von jeher als notwendig fühlte, das hat mit klarem Bewusstsein und Konsequenz die Staatsgewalt geschaffen.

Es gibt in der Geschichte allerdings nur eine Gestalt des Staats, in welcher die ständische Gliederung vollständig und rein überwunden ist: Das ist die römischkatholische Kirche; und darum war sie der Normal- und Weltstaat des Mittelalters. Sie ward erst schwach, als sie im 13. Jahrhundert sich von der ständischen Gliederung überwältigen ließ.

Als aber die Kirche schwach wurde, da bemächtigte sich in England ein starkes Königtum der Aufgaben des Staats und setzte sie fort.

Mit der königlichen Suprematie wurde die ständische Gliederung in der Kirche überwunden.

Mit dem Satz: „der König ist das Haupt aller bewaffneten Macht wurde die ständische Gliederung im Heer überwunden, und die Wurzel des Lehnswesens, die Gutsabhängigkeit des Eigners vom Führer, herausgehoben.

Mit dem Satz: „der König ist die Quelle aller Gerichtsgewalt," fiel die ständische Gliederung der Gerichte.

Mit dem Satz: „der König ist die Quelle aller Ehren", ward die ständische Gliederung von Adel und Ritterschaft überwunden.

Die Geschichte Englands ist ein 1000jähriger Kampf gegen die ständische Gliederung, und das ist Englands Größe.

Die Elemente des Besitzes und der Nationalität sind in Deutschland von jeher dieselben gewesen: Der deutsche Reichstag ist das englische Parlament, die deutschen Landstände enthalten zersplittert das englische Unterhaus. Was aber in England durch ein starkes Königtum und durch

den Gemeinsinn der Stände zur harmonischen Einheit verbunden wurde, zerfiel in Deutschland machtlos in ständischer Gliederung!

Das aber, wodurch das Königtum gross geworden, lernten später die höheren lassen in ihrem einheitlichen Parlament als die wahre Aufgabe der Staatsgewalt kennen.

Als daher im 19. Jahrhundert die Industrie mit ihrer gewaltigen Umgestaltung aller Besitz- und Ständeverhältnisse auftrat, und der Staatsgewalt ganz neue, ungeahnte Aufgaben eröffnete: Da war es die Gentry selbst, welche wetteifernd in Parlament, Gemeinden und Vereinen die Aufgabe der Staatsgewalt ergriff, — die Hebung der schwächern Klassen des Volks. Zum Herrschen geboren, hat diese Gentry begriffen, dass wenn sie die Staatsgewalt behaupten will, sie auch die Aufgaben des Staats selbst übernehmen muss.

Das Bewusstsein der Einheit und Kraft des Besitzes und der Intelligenz ist es denn auch, welches den Engländern ihre Haltung gibt in den Zuständen der Gegenwart. In dem Selbstbewusstsein ihrer Kraft und Würde sehen dort die besitzenden Klassen der Entwicklung der Dinge im Innern des Landes wie auf dem Kontinent zu; während in Frankreich durch Schutz und Ausbeutung der Staatsgewalt entnervte Gentry, nachdem sie in beschränkter Kurzsichtigkeit ein Menschenalter hindurch die Staatsgewalt missbraucht, uns ein Bild der Niederwerfung von Besitz und Intelligenz darbietet, wie es ohne Beispiel in der Geschichte ist.

Allerdings ist das Bild, welches die beiden Nachbarstaaten vor unsern Blicken entfalten, für die Zukunft Deutschland ein sehr ernstes.

Deutschlands Zukunft beruht, wie Englands ganze Geschichte: auf der Mäßigung und dem Gemeinsinn der besitzenden Klassen.

Erläuterungen

von Thomas Westphal, Esq.

Stufen des britischen Adels

Peerage (Hochadel, Lords)

1.) König / Königin   King / Queen

2.) Herzog   Duke

3.) Markgraf   Marquess

4.) Graf   Earl

5.) Vizegraf   Viscount

6.) Baron   Baron

Gentry (niederer Adel)

7.) Baronet   Baronet

8.) Ritter   Knight

9.) Junker   Esquire

10.)Edelmann   Gentleman

Ansprachen:

Lords werden generell mit „Lord" angesprochen, sie verwenden in Briefen ihren Titel hinter ihrem bürgerlichen Namen.

Baronets werden mit „Sir" angesprochen, sie verwenden in Briefen die Abkürzung „Bt." hinter ihrem Namen.

Knights werden mit „Sir" angesprochen, sie verwenden in Briefen die Abkürzung ihres Ritterordens hinter ihrem Namen.

Esquires werden mit „Mister" angesprochen, sie verwenden in Briefen die Abkürzung „Esq." hinter ihrem Namen.

Gentleman werden mit „Mister" angesprochen, sie verwenden in Briefen die Abkürzung „Gent." hinter ihrem Namen.

Wie erhält man einen Titel?

Peers, Baronets

Der britische Adel ist sehr männlich geprägt. Titelträger sind meist nur Männer, Frauen tragen den Titel ihres Mannes (in der weiblichen Form).

Die Titel der Peerage und des Baronets erhält man durch Vererbung. Es kann immer nur eine Person in der Familie den Titel halten. Stirbt der Titelträger, so erbt meist der älteste Sohn den Titel. Hat ein Lord einen untergeordneten Titel, ein Duke also auch noch den Titel eines Earls, so erhält sein ältester Sohn diesen untergeordneten Titel ehrenhalber. Es ist zu beachten, das nur die Titelträger der Peerage vor dem Gesetz als Adelige gelten. Alle anderen gelten vor dem Gesetz als Bürgerliche, auch die Titelträger der untergeordneten Titel. Dies ist darauf zurückzuführen, dass diese Lords einen Sitz im Oberhaus, im Haus of Lords, hatten. Ihre Söhne konnten somit noch ins Unterhaus, das House of Commons, gewählt werden. Ein Baronet galt auch als Bürgerlicher. Da die Verwandten der Peers aber auf ihrem hohen Status bestanden, entwickelte sich der niedere Adel, die Gentry. Sie bestand komplett aus den Verwandten der Peers, den Baronets und Knights sowie deren Verwandten.

Life Peers erhalten ihren Titel von der Queen für besondere Verdienste verliehen. Diese Titel sind nicht vererbbar.

Knight

Man wurde für besondere Verdienste vom Monarchen zum Ritter ernannt (geschlagen). Dieser Titel war nicht erblich.

Esquire

Esquires sind folgende Männer:

- die ältesten Söhne von Rittern sowie deren älteste Söhne usw.

- die ältesten Söhne von jüngeren Söhnen der Peers sowie deren älteste Söhne usw.

- bei der Investitur eines Ritters ernannte Esquires

- die Inhaber bestimmter Ämter, z. B. Bürgermeister

- Offiziere mit mindestens dem Rang eines Captain (Hauptmann) der Army oder vergleichbar

- Personen die in den freien Berufen arbeiten (Anwälte, Ärzte, Journalisten usw.)

Gentleman

Gentleman sind alle anderen Verwandten von Adeligen. Dabei wird sehr viel Wert auf eine respektable Beschäftigung gelegt. Leute, die einer körperlichen Arbeit nachgehen, können keine Gentlemen sein. Ebenso wenig Leute, die im Handel arbeiten. Banker sind ebenfalls keine Gentlemen, da dies „Handel mit Geld" und somit nicht respektabel ist. Ein großer Unterschied zum Adel in Italien, wo viele Banker in den Adel aufgestiegen sind, allen voran die Medici.

Im Idealfall muss ein Gentleman gar nicht arbeiten, sondern lebt von der Verpachtung seiner Ländereien.

Der Titel Gentleman ist nicht nur die unterste Stufe des britischen Adels, sondern auch die Sammelbezeichnung für alle Adeligen. Niemand beleidigt einen König, wenn

er ihn als „Gentleman" bezeichnet, es gilt sogar als
großes Kompliment.

Man sollte den Titel Gentleman nicht mit dem heutigen
Kompliment „Gentleman" verwechseln. Auch ein
einfacher Arbeiter wird heute meist als Gentleman
bezeichnet, wenn er sich wie ein solcher benimmt. Aber
im eigentlichen Sinne ist er kein Gentleman, er benimmt
sich nur so, eben „gentlemanlike".